Viva Bem Com a Saúde Que Você Tem

CONCEITO DA MEDICINA ORTOMOLECULAR

Dados Internacionais de Catalogação na Publicação (CIP)
(Câmara Brasileira do Livro, SP, Brasil)

Olszewer, Efrain.
Viva bem com a saúde que você tem: conceito da medicina ortomolecular / Efrain Olszewer. – São Paulo: Ícone, 1999.

ISBN 85-274-0569-5

1. Doenças – Causas 2. Medicina preventiva 3. Radicais livres (Química) 4. Saúde – Aconselhamento 5. Saúde – Promoção 6. Terapia ortomolecular I. Título. II. Título: Conceito da medicina ortomolecular.

99-2066 CDD-613
NLM-WB 330

Índices para catálogo sistemático:

1. Medicina ortomolecular 613

DR. EFRAIN OLSZEWER

Viva Bem Com a Saúde Que Você Tem

CONCEITO DA MEDICINA ORTOMOLECULAR

Ícone editora

Capa
Confiart Desenhos e Artes Gráficas Ltda

Diagramação
Rosicler Freitas Teodoro

Revisão
Antônio Carlos Tosta

ÍCONE EDITORA LTDA.
Rua das Palmeiras, 213 — Sta. Cecília
CEP 01226-010 — São Paulo — SP
Tels./Fax.: (011)3666-3095

Advertência

Este livro é de caráter exclusivamente informativo, devendo o leitor evitar definitivamente o autodiagnóstico e a automedicação.

O raciocínio lógico nos orienta a usar o serviço de seu médico de cabeceira, que saberá dar o destino adequado a seu protocolo terapêutico.

As informações contidas servem como base para eliminar dúvidas e criar uma fonte de informações que permita ampliar a discusão.

O autor

DEDICATÓRIA

A vida é um intrincado labirinto
onde com trabalho e dedicação
é possível encontrar as rotas e caminhos
onde até os mais sábios algumas vezes se
perderam.

É lírico pensar que estamos certos ou errados
e científico pensar que continuamos a pesquisar
e lógico fazer da experiência uma escola
e racional compartilhar os ensinos da vida.

Quanto mais difícil e incompreensível parece
mais esforço e determinação exige
que nem todos estão dispostos a sacrificar
achando mais fácil criticar.

O mundo está em um giro constante
quem não se aperfeiçoa pára
e quem pára, morre
é a lei da vida.

A meus queridos pais, que Deus os conserve no
eterno repouso Faige e Enoch.

A quem sempre apóia e ilumina meu caminho,
minha esposa Melany.

Ao resultado de minhas satisfações e aspirações,
Meus filhos
Daniel, Diana e Débora.

Dr. Efrain Olszewer

ÍNDICE

Capítulo 5

PRÓLOGO

Quando fui convidado a preparar este livro, me senti induzido a levar uma mensagem de otimismo, em relação ao futuro da saúde das pessoas.

Evidente que meu otimismo está baseado na lógica científica do conceito médico, da qual não poderia fugir, já que o engajamento sustentado pela ciência é a única garantia que temos de um trabalho bem feito.

É comum se utilizar da crítica como forma de ocultar o desconhecimento dos fatos, porém muitas vezes a crítica é altamente construtiva porque obriga a repensar os objetivos, as condutas, e com serenidade modificar os conceitos, cuja verdade em Medicina é meramente temporal, podendo modificar com o tempo, da mesma maneira que se modifica o corpo no processo inexorável do envelhecimento.

À medida que os anos passam minha experiência cresce como um tesouro que a vida me oferece e olho nos meus pacientes a felicidade retratada no rosto após um bem sucedido tratamento que o permite se reincorporar dentro da sociedade; também participo daqueles momentos tristes quando os fatos são irrecuperáveis, e apesar do enorme esforço perdemos a batalha final. Estes dois aspectos são apenas o reflexo da crua e dura realidade que temos que enfrentar como médicos no dia-a-dia, razão pela qual nos transformamos através do conhecimento em um enorme chip de computador que vai empurrando as informações para poder acessar os fatos mais recentes quando se trata de resolver um problema latente no paciente em questão.

Sem dúvida o convívio com o paciente é como um filme onde passa história, alegria, drama, confusão, mas permanece sempre uma amizade correspondida de ambos os lados, porque só com o esforço conjunto é possível alcançar os limiares do impossível.

Este trabalho é dedicado a meus queridos pacientes, que passaram a ser meus queridos amigos, além de confidentes de suas vidas, de uma vida de luta, de esforço, de paixão, e com certeza de ter correspondido em todo e cada momento às necessidades, às imposições, dentro dos conceitos já difundidos pelos antepassados, onde a confiança e a amizade superam quaisquer dificuldades, além de mostrar o caminho certo a tomar para alcançar o sucesso terapêutico.

Quero deixar meu reconhecimento a meus amigos, colegas, que sempre me apoiaram e que na luta da ciência nunca se acomodaram e se mantiveram firmes e assim agradecer aos que me incentivaram a realizar este trabalho.

Nomes são irrelevantes, o que importa são os fatos, sintam-se prestigiados os merecedores.

O autor

CAPÍTULO 1

GENERALIDADES

Tanto a qualidade como a expectativa de vida da população têm aumentado consideravelmente nas últimas décadas do século 20, baseado em vários fatores de desenvolvimento científico que permitiram melhorar as condições de vida dos pacientes e da população em geral baseado em metodologia de diagnóstico e tratamento, a citar:

1) mudanças de hábitos e costumes, como medida de controle dos fatores de risco externos conhecidos, identificando alimentos com potencial lesivo aos tecidos, poluentes que aceleram os processos oxidativos das células, fumo, álcool e outros que serão discutidos amplamente nos capítulos posteriores;

2) ampliação dos conceitos de prevenção através de exames de diagnóstico ou de avaliação funcional periódica (ex.: Papanicolau, toque retal, avaliações laboratoriais, como colesterol, frações e fatores de risco independentes de doencas cardiovasculares, glicemia, *stress* oxidativo etc.);

3) avanços na área farmacológica que têm permitido incorporar novos medicamentos que conseguem controlar as doenças que degeneram cronicamente o organismo;

4) pesquisas no campo da Medicina genética, com o intuito de determinar os elementos necessários que possam inibir a aparição de doenças, assim como determinar os fatores relacionados à nosso relógio biológico, determinando as diferentes faces do processo de envelhecimento.

Estas e outras razões menos importantes constituem o marco determinante na extensão da vida na superfície terrestre.

É importante entender o processo do envelhecimento como um fenômeno natural que tem que acontecer dentro do conceito biológico da vida e lidar não contra ele, mas favorecendo-o de maneira positiva para beneficiar a nossa qualidade de vida durante a velhice.

Começamos biologicamente a envelhecer a partir dos 30 anos de idade, época na qual entre 10-12 bilhões de neurônios (células cerebrais) atingiram sua maturidade. Entre os 30-45 anos, na denominada fase silenciosa, marcas começam a se evidenciar: rugas, calvície, barriga, varizes etc. Entre os 45-65 anos é a fase onde a incidência das doenças é mais freqüente: infarto, derrame, artrose etc. Depois dos 65 anos é a fase denominada de terceira idade, temos o envelhecimento definitivamente instalado.

Conhecendo esta divisão cronológica do envelhecimento baseado nos aspectos biológicos (mudanças nas estruturas teciduais) é possível tomar medidas e precauções necessárias para agir positivamente no controle do envelhecimento, principalmente com o objetivo de melhorar a qualidade de vida nesta fase tão importante e que ocupa proporções percentualmente maiores como conseqüência dos fenômenos evolutivos.

A partir destas premissas entra a participação da Medicina Ortomolecular, cuja filosofia consiste em cuidar principalmente do indivíduo na saúde, com o objetivo de controlar o equilíbrio celular, evitando ter de tratar a doença estabelecida, mas quando este segundo fato acontece, a própria Medicina Ortomolecular conta com recursos amplos para suplementar, complementar ou agir isoladamente com conceitos tradicionais e habituais da Medicina no tratamento e controle dos processos degenerativos crônicos, que terminam comprometendo a qualidade de vida no processo de envelhecimento.

Em 1960, Linus Pauling, duas vezes Prêmio Nobel, de Química e da Paz, identifica o conceito de Medicina Ortomolecular, como a ciência que procura estudar as formas de manter o equilíbrio do organismo, já que orto indica equilíbrio e molecular as moléculas, resumindo este conceito no fato de que as moléculas estando em equilíbrio representam o estado de saúde, o contrário desenvolve a doença.

A partir da década de 80 com a introdução do conceito de radicais livres e dos antioxidantes, o conceito da Medicina Ortomolecular define suas bases científicas e incorpora-se no arsenal terapêutico e diagnóstico dos anais da ciência médica, incorporando um número crescente de adeptos entre os profissionais da área e na população, que começam a entender a verdadeira filosofia de atuação dos conceitos ortomoleculares na profilaxia e na procura do equilíbrio corporal.

Quando entramos na última década do século 20, o crescimento da Medicina Ortomolecular e sua aceitação cresce muito rapidamente (às vezes sem controle, ou ditado por modismos), porém aumentando a curiosidade para identificar os diferentes baluartes que sustentam o conceito científico que giram em torno dos princípios ortomoleculares.

Vários fatos positivos se sucedem: a imprensa médico-científica vem apoiando cada vez mais o conceito de antioxidantes, encontrando-se milhares de trabalhos anualmente publicados nas revistas de consulta e de projeção na área da saúde e imprensa leiga. A distribuição racional de informação permite à população discriminar fatos de mitos, a fim de obter suas próprias conclusões.

Evidentemente que muitos fenômenos hoje considerados como verdadeiros ou falsos, dentre os conceitos médicos, são temporários e tais fatos muitas vezes poderão se inverter no futuro, pela razão de lidar com corpos biológicos, que sofrem constantes mudanças e que vão se acomodando às exigências e circunstâncias. Assim estes princípios nos obrigam a raciocinar com cautela a definição prematura de alguns conceitos.

Em abril de 1983 foram introduzidos no Brasil, a idéia da Medicina Ortomolecular e a teoria dos radicais livres. E entre erros e acertos, tem primado folgadamente a segunda, mostrando que é possível por um lado tomar medidas de precaução no controle do processo de envelhecimento, mas também é possível contar com vários outros procedimentos no tratamento e na profilaxia das doenças que degeneram em forma crônica e irreversível os tecidos do organismos.

Para poder compreender melhor os conceitos a serem definidos, optamos por dividir este trabalho em diferentes tópicos que se afunilam, mostrando que existe uma afinidade muito grande entre todos os fatos citados.

1) Conhecer os radicais livres é primordial porque explicam de alguma maneira como os tecidos envelhecem, assim como determinam causa ou conseqüência de grande número, se não a maioria, das doenças degenerativas crônicas.

2) Identificar os fatores de risco externos, para poder controlá-los, de maneira a diminuir a agressão aos tecidos e preservar o equilíbrio do corpo.

3) Entender como os suplementos em Medicina ortomolecular podem, isoladamente ou associados a tratamentos habituais, controlar doenças, prevenir seqüelas secundárias aos fatores de risco e melhorar a qualidade de vida da população que eventualmente escolhe esta forma de tratamento como a sua filosofia de vida.

4) Aprender a aproveitar os benefícios que a natureza nos outorga para facilitar a manutenção e o equilíbrio dos tecidos, evitando fazer uso dos elementos nocivos que a própria natureza também nos oferece, assim temos alimentos que são muito ricos em antioxidantes. Centenas e milhares de trabalhos já têm demonstrado seu efeito benéfico dentro do organismo e a alimentação equilibrada e balanceada sem dúvida é fator importante no controle do organismo.

5) Em circunstâncias de doenças severas, os conceitos de Medicina ortomolecular abrem alguns caminhos e perspectivas até há pouco tempo não pesquisados principalmente pela simplicidade de seus objetivos. O ser humano não consegue às

vezes acreditar que a solução dos grandes problemas está nas condutas simples e não na procura de caminhos complexos, sinuosos, intrincados e muitas vezes nem sequer adequadamente interpretados.

6) Várias provas podem ser realizadas para determinar o equilíbrio do organismo, assim como para identificar a presença de elementos nocivos de *per si*, ou por agirem como intermediários para produzir toxicidade dentro do organismo, fenômeno que nos permite tomar as precauções necessárias para evitar os efeitos deletérios sobre os tecidos.

É hora de começar nossa viagem por um universo fascinante, onde cada estrela é um ponto a ser pesquisado na procura de encontrar cada vez melhores soluções para manter o equilíbrio de nossa saúde.

Senhores passageiros, apertem seus cintos, mantenham seus assentos na vertical e desfrutem desta maravilhosa viagem.

CAPÍTULO 2

CONCEITO DE MEDICINA ORTOMOLECULAR E TEORIA DOS RADICAIS LIVRES

O organismo é formado por bilhões/trilhões de células, as quais, quando em harmonia, definem o estado de saúde. Por outro lado, seguindo o raciocínio de Linus Pauling, quando uma parte ou o total das moléculas entram em desequilíbrio favorecem a aparição de diferentes tipos de doença, que podem atacar um ou vários sistemas ao mesmo tempo.

Assim como Pauling tem seus seguidores, atualmente há também seus opositores, que o criticam por haver tomado 16 gramas de vitamina C por dia. Antes, porém, de Pauling morrer, com 94 anos de idade, já tinha deixado claro que ele acreditava que o câncer de próstata que o matou demorou 30 anos para fazê-lo por estar protegido pelos efeitos antioxidantes da própria vitamina C ou ácido ascórbico.

Desde 1960, quando foi dado o nome de Medicina Ortomolecular por Pauling, até o presente momento, muitas coisas evoluíram e os conceitos encontram-se cada vez mais solidificados, a ponto de hoje se recomendar que a dosificação das vitaminas e sais minerais possam ser 2 – 3 – 4 ou mais vezes que as recomendadas como doses mínimas diárias (RDA), porém que nestas circunstâncias devem ser administradas por médicos, evitando os processos de automedicação, não tanto pelos eventuais efeitos colaterais, que são relativamente raros, mas pelo desperdício, já que eventuais sais administrados simultaneamente podem terminar opondo um ao outro sem trazer benefícios ao organismo.

Vários procedimentos laboratoriais têm permitido avaliar os níveis de vitaminas, sais minerais, metais e nutrientes no organismo, com o objetivo de definir se o mesmo se encontra balanceado, para poder administrar, suplementando as que se encontram em falta, ou utilizar outras para eliminar as que existem em excesso. Por exemplo: intoxicação por cobre pode ser tratado pela administração de zinco e o contrário é verdadeiro.

Sangue, urina, cabelo são os meios mais utilizados para determinar as concentrações destes elementos; sangue e urina só empregados em situações agudas, já que devem refletir o que está acontecendo no momento em que está sendo feita a coleta.

O cabelo, entretanto, nos indica os depósitos crônicos de minerais e metais, permitindo identificar inclusive níveis subtóxicos que possam agir favorecendo o desenvolvimento de doenças degenerativas crônicas, porém não são exames que fecham o diagnóstico de doença, eles nos oferecem o *status* mineral do paciente, assim como permitem definir a estratégia de suplementação para poder atingir o tão desejado equilíbrio. É importante lembrar que o cabelo representa um mecanismo de excreção dos minerais e metais do organismo e pelo qual deve ser avaliado cuidadosamente os valores entre intoxicação e contaminação. Novos procedimentos computadorizados entrelaçando as informações obtidas do cabelo do paciente permitem determinar os metais que realmente estejam dentro do organismo daqueles que estejam agindo meramente como contaminantes do cabelo, muitas vezes pelo uso de diferentes tipos de corantes. A avaliação cuidadosa do exame de cabelo dá muitos subsídios necessários para entender o nível de equilíbrio mineral do organismo do paciente estudado.

O fato de que metais pesados como chumbo, alumínio, mercúrio etc., aparecem em grande quantidade no exame de cabelo, não fecham um diagnóstico definitivo de intoxicação se o paciente não tiver fatores epidemiológicos (contato) com a substância em questão. E para confirmar podem ser utilizadas outras terapêuticas que usam removedores de metais pesados, como os agentes quelantes, e medir o metal quando é eliminado pela urina.

Entre outros exames decisivos determinados com a incorporação dos conceitos da Medicina Ortomolecular podemos incluir aqueles que nos permitem identificar os pacientes com risco de desenvolver doença cardíaca, ou osteoporose.

Através de fatores epidemiológicos e de exames bioquímicos (fatores de arteriosclerose para doenças cardiovasculares, incluindo fatores de risco independentes, recentemente incorporados nos conceitos clássicos da medicina, como a lipoproteína (LpA) e a homocisteína, cujo controle permite diminuir os riscos de doença cardiovascular com procedimentos muitas vezes simples, como a administração de ácido nicotínico, vitamina B_6, B_{12} e ácido fólico e fatores que medem o intercâmbio do metabolismo ósseo, que nos indicam a dinâmica do metabolismo do osso, permitindo definir as mudanças rapidamente através de diferentes protocolos terapêuticos a estabelecer) é possível identificar os futuros candidatos a desenvolver doença cardíaca. No caso de risco de osteoporose, é um exame que mede na urina os metabólitos secundários da destruição óssea, denominados de telopeptídeos que nos permitem adotar condutas terapêuticas com caráter profilático muito antes da doença se instalar, com ou sem manifestações clínicas, inclusive bem antes de encontrar alterações em exames mais sofisticados como a densitometria óssea.

O risco de osteoporose é um exame dinâmico, que nos permite identificar alterações que podem ser controladas em exames de repetição de curto prazo (semanas) por ser inclusive fácil de colher. Por outro lado a densitometria óssea é um exame estático, e as modificações anatômicas medidas pela densitometria após os tratamentos demoram meses ou anos para ser adequadamente identificados.

Intolerância à lactose e hipercrescimento bacteriano, associados à identificação de agentes que se associam ao desenvolvimento de gastrite e úlceras pépticas como a *Helicobacter Pilory* pode ser realizada associada à metodologia funcional, sem realizar exames invasivos como a endoscopia, fato que nos permite conhecer os fundamentos do equilíbrio ecológico gastrointestinal e definir o potencial de nutrientes necessários para reestabelecer o equilíbrio. Muitas vezes a determinação associada aos níveis de Imunoglobulinas A secretorias (IgAs) são necessárias para identificar a integridade da parede intestinal. Após estes exames é possível determinar os nutrientes necessários (glutamina, latobacilos, enzimas pancreáticas, antioxidantes) necessários para obter o equilíbrio funcional do sistema gastrointestinal.

Finalmente é muito importante a capacidade de poder medir as vitaminas através de exames de sangue que nos permitem identificar as necessidades de reposição orgânica baseadas em documentação numérica, para controlar as deficiências e evitar dessa maneira o uso indiscriminado e em doses exageradas quando não indicadas. Os exames de dosificação de vitaminas permitem na atualidade inclusive determinar os níveis fisiológicos e terapêuticos de vitaminas administradas com fins profiláticos ou de reposição.

O objetivo deste livro não é fazer um resumo de todos os exames funcionais possíveis, porém somente para representar graficamente, preparamos um quadro com todos os possíveis exames potenciais dentro da medicina ortomolecular que servem para medir a capacidade funcional do organismo.

Exames Funcionais

Nome do teste	Material	Indica
Risco cardíaco	Sangue	fatores associados ao desenvolvimento de aterosclerose
Stress oxidativo	Sangue	Mede a capacidade antioxidante do organismo
IgG IgE	Sangue	Alergia alimentar, química e inalantes
Risco de osteoporose	Urina	Mede perda óssea
Stress adrenal	Saliva	Função de resposta ao *stress*
Perfil hormonal masculino	Saliva	Curva diária de testosterona
Perfil hormonal feminino	Saliva	Curva mensal de estrogênios e progesterona
Perfil Pós-menopausa	Saliva	Deficiência hormonal do climatério
T3 – T4	Urina	Déficit hormonal por curva diária
Mercúrio	Saliva	Descarga de amálgamas
Mineralograma	Cabelo	Metais e minerais como depósito crônico
Mineralograma	Sangue-urina	Concentração e/ou eliminação
Vitaminas	Sangue	Painel de 12–17 vitaminas
Intolerância a lactosa	Ar expirado	Alergia a leite e derivados
Disbiose	Ar expirado	Alteração da flora bacteriana intestinal
Aminoácidos	Urina	Painel de aminoácidos
Ácidos graxos	Sangue	Painel de gorduras
Permeabilidade intestinal	Urina	Integridade colônica
Análise coprológica	Fezes	Avaliação da digestão e absorção de nutrientes

O aspecto mais importante é que todos esses exames por não serem ainda muito conhecidos nem utilizados de maneira massificante, são ainda desconhecidos pelos profissionais da área de saúde, o que impossibilita uma melhor utilização dos mesmos. Porém, sem dúvida, cada vez está ficando mais evidente a sua necessidade e uma melhor compreensão por parte de quem os indica (os médicos) assim como de quem os utiliza (os pacientes), para serem incorporados no arsenal diagnóstico, com pretensões de definir os protocolos terapêuticos, porém quando a ciência e as autoridades entenderem que o custo da prevenção é infinitesimal comparado ao custo das doenças estabelecidas, este tipo de avaliação e estratégia terminará ocupando o lugar de destaque que lhe corresponde.

RADICAIS LIVRES (RL)

Na década de 50, os RL foram identificados pela primeira vez por Denham Harman, na Universidade de Nebraska nos EUA, porém somente adquiriram relevância na década de 60 quando Fridovich e McCord identificaram uma enzima (substância de origem protéica que age como intermediária acelerando e intervindo nas reações químicas dentro do organismo), que era a quinta mais abundante no organismo e que inibia a formação dos RL, denominada de superóxido dismutasa (SOD).

Porém o que são estes RL? São moléculas que perderam seu equilíbrio determinado por ter número não pareado de elétrons na órbita externa. Vejamos este conceito desdobrado e simplificado:

Toda molécula é formada por núcleo e órbitas (fig. 1).

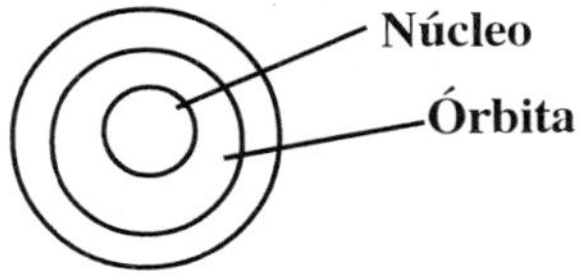

O núcleo contém partículas com cargas positivas denominadas prótons e sem carga denominadas nêutrons, entretanto, as órbitas possuem cargas negativas denominadas elétrons (fig. 2).

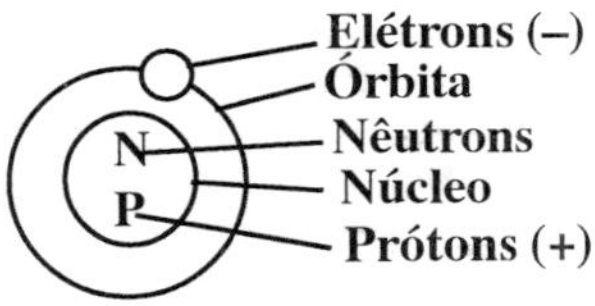

A caraterística de toda molécula normal é conter um número pareado de elétrons na órbita externa (lembrando que o número de prótons deve ser igual ao de elétrons) (fig. 3).

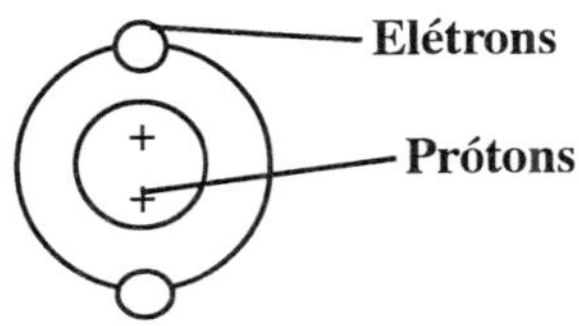

O radical livre é uma molécula que tem um número não pareado de elétrons na órbita externa (fig. 4).

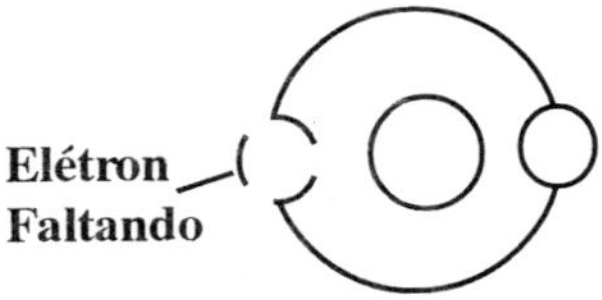

Os RL são moléculas altamente instáveis, têm meia vida muito curta, medida em microsegundos, se multiplicam em cascata, se formam constantemente desde o momento em que nascemos e são inibidos pelo sistema antioxidante do organismo ou quando dois RL se encontram.

O RL vira uma molécula normal quando o antioxidante cede um elétron para parear a órbita externa (fig. 5).

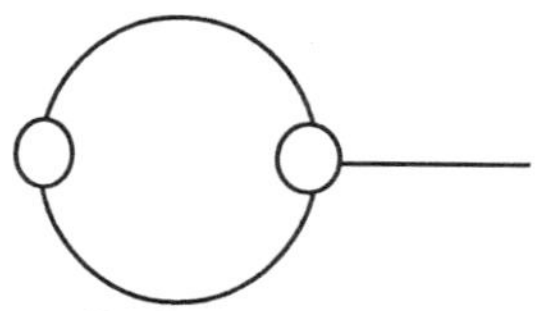

Vit E
Oxidação
(perde elétrons)

Redução
(Ganha elétrons)

Quando dois RL se encontram, se neutralizam, pelo fenômeno denominado de óxido-redução, o RL que se oxida perde um elétron e o RL que se reduz ganha um elétron e, no caso, os dois terminam pareando suas órbitas externas (fig. 6).

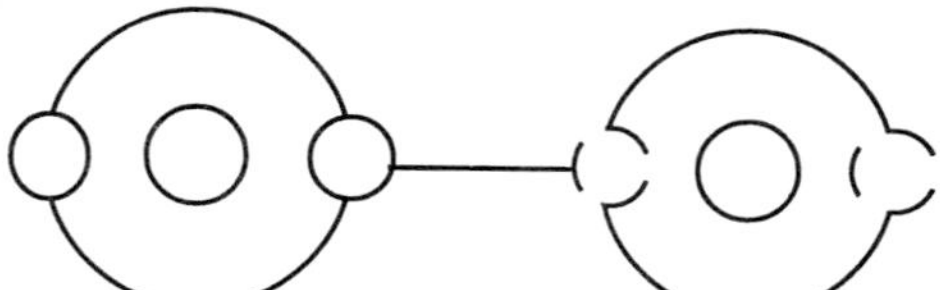

Redução
2 elétrons pareados

Oxidação
sem elétrons
molécula normal

Um dos aspectos mais interessantes dos RL, está relacionado com as fontes mais importantes para originá-los e no homem em particular o oxigênio é a fonte mais importante. O mesmo oxigênio que é fundamental para manter a vida pode em circunstâncias desfavoráveis (níveis acima ou abaixo dos fisiológicos ou normais) desencadear a formação de RL, que em casos extremos de produção podem desenvolver doenças degenerativas crônicas, ou acelerar o processo da morte.

Em condições normais 98% do oxigênio que inspiramos através da respiração vira energia necessária para que os tecidos desempenhem as funções a que foram destinados dentro do organismo e 2% deste oxigênio viram RL. Nestas proporções de 2 a 98%, o organismo se defende perfeitamente através de seu próprio sistema antioxidante, porém, quando a produção dos radicais livres supera este equilíbrio podem ser nocivos para o organismo agindo sobre as células e outras moléculas desequilibrando a estrutura orgânica.

Os RL não são necessariamente malignos para o homem, sabemos que as defesas do organismo fazem uso dos RL para aniquilar as bactérias, fungos, vírus, que penetram tentando agredir o organismo, porém, fora este efeito benéfico, ainda não foi identificado outra situação onde a participação dos RL seja de utilidade dentro do organismo.

Seus efeitos deletérios são melhor conhecidos, já que têm participação ativa seja como causa ou conseqüência em numerosas doenças e somente para enumerar algumas, citaremos as mais freqüentes como causa de morte ou por seu poder incapacitante:

a) aterosclerose
b) infarto agudo de miocárdio
c) angina de peito
d) câncer
e) artrite

f) artrose
g) envelhecimento
h) Parkinson
i) demência senil
j) derrame cerebral e isquemias cerebrais
k) insuficiência circulatória de membros
l) catarata
m) degeneração muscular
n) enfisema e bronquite pulmonar
o) lúpus
p) e muito, muito mais.

Vendo a amplitude de doenças relacionadas com os RL podemos inferir a importância da suplementação de antioxidantes isolados ou associados aos tratamentos habituais. Por exemplo, a utilização de anti-inflamatórios para controlar a dor nas articulações dos pacientes comprometidos de artrose e simultaneamente antioxidantes para proteger os tecidos dos efeitos desgastantes produzidos com a participação dos RL.

Como foi assinalado anteriormente, os radicais livres atacam todas as estruturas dentro do organismo:

a) o núcleo das células, onde se encontram os ácidos nucléicos relacionados com o código genético, onde participariam no desenvolvimento de doenças congênitas e do câncer;

b) no tecido gorduroso (ácidos graxos) alterando a permeabilidade das células e agredindo as moléculas do colesterol, oxidando-as, favorecendo a penetração dos mesmos nas paredes das artérias ajudando a desenvolver as placas de ateroma que terminam obstruindo-as determinando uma diminuição do fluxo sanguíneo aos tecidos, o qual se total, provoca o infarto tecidual. Placa de gordura (ateroma).

Imagem de formação de placa ateromatosa nas paredes das artérias (fig. 7).

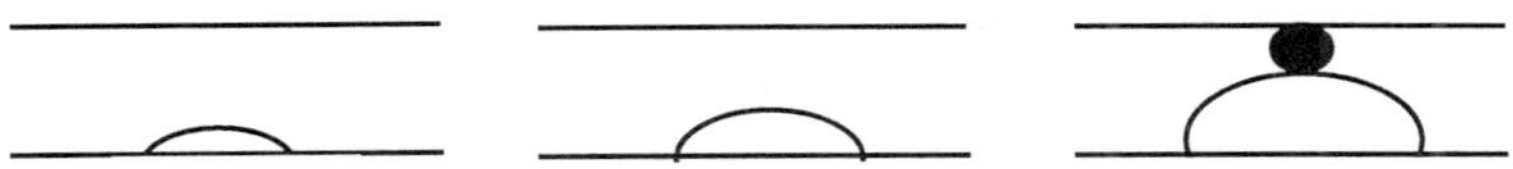

Placas ateromatosas obstruindo totalmente as artérias a nível cerebral, cardíaco e em MMII, provocando derrame, infarto e gangrena (fig. 8).

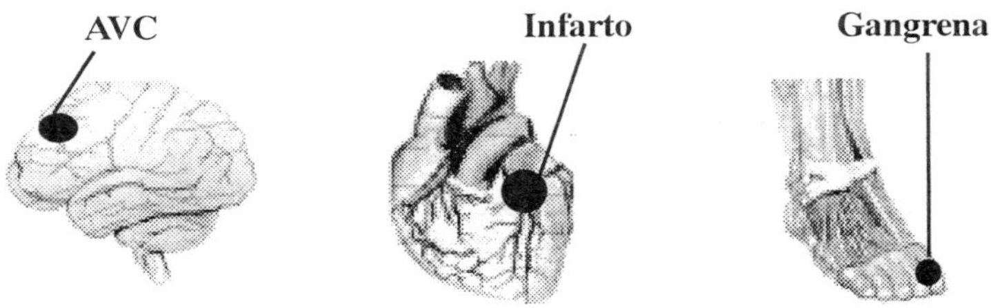

c) a nível das proteínas, importantes na constituição das enzimas e dos tecidos como o muscular, a agressão dos RL altera a composição estrutural do tecido acometido.

d) a nível dos carboidratos (açúcares), que são a fonte primária de energia, altera a distribuição dos mesmos, desequilibrando a administração de energia aos tecidos, desvitalizando-os.

Vários mecanismos foram desenvolvidos para tentar determinar a produção dos RL dentro do organismo entre os quais podemos destacar:

a) espectrofotometria de ressonância magnética, ainda não incorporada ao mercado de diagnóstico no Brasil, é a que resultados mais fidedignos oferece.

b) análises laboratoriais que medem os RL individualmente ou os antioxidantes que normalmente se formam dentro do organismo.

c) análises laboratoriais que medem os níveis de antioxidantes administrados seja pela alimentação ou pela suplementação nutricional.

d) exames de microscopia óptica, que medem modificações da substância fundamental (componentes vitais dos tecidos), cujas transformações determinam as alterações observadas no monitor ligado ao microscópio, representam as substâncias tóxicas provenientes do metabolismo de oxigênio, as quais em torno de 90% são formadas por radicais livres.

A medição direta ou indireta dos RL nos permite identificar o nível de *stress* oxidativo (nível de RL) presente no paciente, assim como a capacidade antioxidante dentro do organismo, onde o normal é a situação de equilíbrio.

Quando se rompe este equilíbrio no processo evolutivo podem se desenvolver as doenças, onde temos um predomínio de RL sobre o sistema antioxidante (fig. 9).

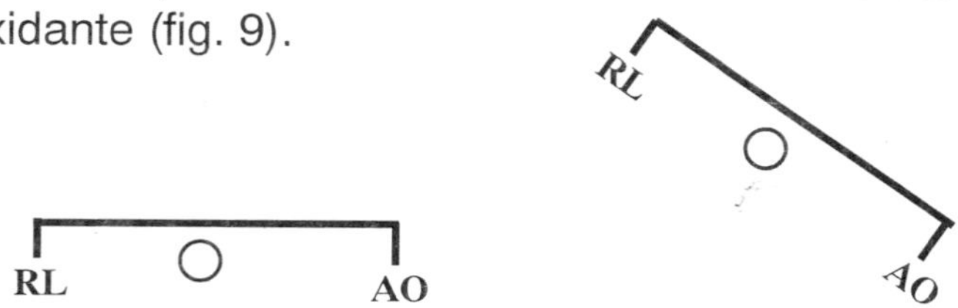

Equilíbrio | **Hiperoxidação (stress oxidativo)**

RL: Radicais livres
AO: Antioxidantes

↑ RL
↓ AO

Em todas estas circunstâncias podemos definir a estratégia antioxidante (escolha dos antioxidantes que se adequariam a cada situação) para definir as condutas mais importantes para controlar o processo evolutivo da doença em questão e principalmente buscando obter o equilíbrio químico e dos tecidos dentro do organismo.

É importante esclarecer que os RL não são a resposta nem a causa de todos os problemas de saúde, mas eles abrem um caminho que explica as possíveis relações com a evolução dos processos patológicos. Encontramos com os RL uma explicação mais objetiva da origem das doenças, assim como podemos definir as terapias que melhor se adaptam a cada circunstância, seja somente com o uso dos antioxidantes ou seja potencializando os tratamentos habituais no controle das patologias, de uma forma equilibrada e natural associando com inibidores dos RL.

Entender o conceito dos RL exige amplos conhecimentos de bioquímica e dos mecanismos que identificam o processo metabólico em que a gênese de energia é importante para manter o equilíbrio do corpo e compreender que o desequilíbrio de sua formação pode determinar as modificações estruturais que não sendo controladas com a administração de antioxidantes, determinam a destruição dos tecidos e o desenvolvimento de doenças.

Equilíbrio é a palavra principal no princípio ortomolecular e quando ele é alcançado, o organismo mantém uma rotina adequada às suas necessidades.

CAPÍTULO 3

FATORES DE RISCO

São os denominados fatores extrínsecos que aumentam o risco de desenvolver as denominadas doenças degenerativas crônicas e o controle destes fatores de risco podem ajudar a prevenir a aparição destas patologias ou lentificar seu curso crônico e irreversível.

Entre os fatores de risco mais importantes a considerar devemos incluir entre outros:

a) fumo
b) sedentarismo
c) hipertensão
d) alimentação
e) *stress*

A) FUMO

Sem dúvida um dos fatores externos mais fáceis de se controlar, porém também é um dos mais nocivos para o organismo por conter uma série de substâncias que são definitivamente tóxicas. Algumas como a nicotina diminuem o diâmetro dos vasos provocando uma diminuição do aporte de oxigênio e nutrientes aos tecidos provocando o sofrimento (isquemia) dos mesmos.

Vários metais pesados como chumbo e cádmio (23 mcg de cádmio por cigarro), que são tóxicos, estão contidos no cigarro, depositando-se nos pulmões, cérebro, rins, sendo co-fatores de doenças como plumbismo que pode levar à degeneração cerebral, hipertensão e doença pulmonar crônica obstrutiva (pulmão enfisematoso).

Uma das características mais interessantes relacionadas com o fumo, é o fato dele produzir uma quantidade enorme de RL (10^N por tragada), que terminam agredindo os tecidos do organismo, que superam numericamente a capacidade antioxidante endógena. Nestas circunstâncias a suplementação via alimentos ou por nutrientes em comprimidos é vital para manter o equilíbrio do organismo.

Na realidade, o aspecto mais importante relacionado com o fumo, não se simplifica pela suplementação de vitaminas ou minerais para diminuir os efeitos nocivos ocasionados pelo seu uso, o certo, sem dúvida, é deixar este vício, que é o único remédio conhecido para evitar os efeitos deletérios produzidos pela sua toxicidade.

Vários trabalhos têm sugerido a possibilidade de utilizar vitaminas como a C, E, beta caroteno para diminuir os efeitos tóxicos do cigarro, isoladas ou associadas a minerais como o zinco, cobre, cálcio, magnésio e aminoácidos como a cisteína. Estes elementos têm capacidade de inibir os metais pesados presentes no cigarro, porém, isoladamente, são apenas um discreto freio para um processo progressivo, onde o fundamental sem dúvida é eliminar o cigarro dos hábitos cotidianos.

Sem dúvida, o consumo de cigarros tem sido diretamente associado com o desenvolvimento de doenças entre as quais podemos citar:

- aterosclerose (formação de placas ateromatosas)
- arteriosclerose (endurecimento das paredes das artérias)
- angina de peito e infarto de miocárdio
- câncer de diferentes localizações anatômicas
- enfisema pulmonar
- doença pulmonar crônica obstrutiva
- envelhecimento

B) SEDENTARISMO

A falta de atividade física, representa vários fatores negativos para o organismo a considerar:

a) diminuição das necessidades de oxigênio e nutrientes aos tecidos, porém se o número de calorias ingeridas supera as necessidades básicas em repouso, estas calorias viram gorduras, que além de predispor à obesidade podem se depositar em lugares inadequados, como as artérias, favorecendo a formação de placas ateromatosas, que vão diminuir o diâmetro dos vasos sanguíneos (artérias) favorecendo o sofrimento ou a morte (infarto) dos tecidos comprometidos;

b) existe uma diminuição das necessidades impostas às fibras musculares durante o esforço, favorecendo a atrofia muscular, aumentando a rigidez articular, diminuindo a elasticidade tecidual, provocando uma aceleração do processo de envelhecimento;

c) O sedentarismo comumente vem associado à uma modificação de hábitos e costumes, principalmente nutricionais, que favorecem o ganho necessário de peso. Podem também incluir elementos desnecessários que terminam comprometendo o funcionamento intestinal, assim como o próprio processo digestivo, aumentando a formação de gases (flatulência) ou o mau cheiro eliminado pela boca (halitose).

É importante recomendar que o indivíduo que permanece sem prática de esportes, por períodos prolongados de tempo, e tenha o desejo de reassumir a mesma, deverá previamente se consultar, para determinar:

1) capacidade física;
2) avaliação cardiovascular e pulmonar;
3) avaliação laboratorial;
4) programação esportiva, controlada e adequada à idade, sexo e condicionamento físico no momento da avaliação.

As vantagens da atividade física são evidentes:

a) melhora da distribuição de oxigênio e nutrientes para os tecidos, mantendo um equilíbrio no metabolismo das células, favorecendo a manutenção da integridade dos sistemas do organismo;

b) tem efeito relaxante, diminuindo o nível de *stress*, além de aliviar a tensão muscular derivada da rotina diária;

c) acelera o metabolismo, porque o exercício determina um aumento na demanda de oxigênio e nutrientes para satisfazer a demanda dos tecidos envolvidos na atividade física planejada;

d) contribui aos planos de perda de peso, porém, quanto maior e prolongado o esforço, maior será o número de calorias perdido com o esforço realizado, independente do tipo de atividade física realizada.

O tipo de exercício depende do gosto e preferência do paciente: futebol, basquete, vôlei, andar, correr, trotar, nadar, bicicleta fixa ou móvel etc., lembrando que o sucesso ao realizar uma atividade física reside na constância, perseverança e regularidade que o mesmo é realizado, exigindo, no mínimo, 2 horas e 30 minutos por semana, divididas em 3 a 4 dias, evitando fazer exercícios extenuantes, uma só vez por semana, ou jogos competitivos irregulares ou de fim de semana.

É importante destacar que indivíduos com histórico pregresso de vida sedentária só devem iniciar atividades físicas após uma adequada avaliação clínica laboratorial, que permitirá identificar a capacidade física e o tipo de atividade que o indivíduo poderá realizar, sem comprometer sua saúde.

É indispensável entender que todo esforço físico deve ser realizado de acordo com a capacidade física do organismo, já que, se um esforço programado permite manter o equilíbrio dos sistemas em funcionamento, exercícios extenuantes ou desnecessários podem aumentar a produção dos RL, favorecendo a oxidação dos tecidos e trazendo consigo seqüelas osteomusculares, ou desencadeando doenças mais graves inclusive o infarto de miocárdio.

C) HIPERTENSÃO

É fator de risco externo muito importante, já que está relacionada com diferentes doenças principalmente graves, em sentido de mortalidade ou de invalidez a citar: infarto agudo de miocárdio, derrame, crescimento do coração podendo desenvolver insuficiência cardíaca etc.

Quando diagnosticada oportunamente pode ser adequadamente tratada e inibidos seus efeitos deletérios sobre o organismo.

A hipertensão se classifica em primária e secundária.

Denomina-se hipertensão primária ou idiopática aquela cuja origem é desconhecida, após procura extenuante através de diferentes exames laboratoriais. E uma das características mais importantes, é que existe uma diminuição no diâmetro das artérias provocada por liberação hormonal (é uma diminuição virtual, não real), fato que obriga o coração a trabalhar com pressão maior para vencer a resistência periférica oferecida por diminuição do diâmetro arterial (fig. 10).

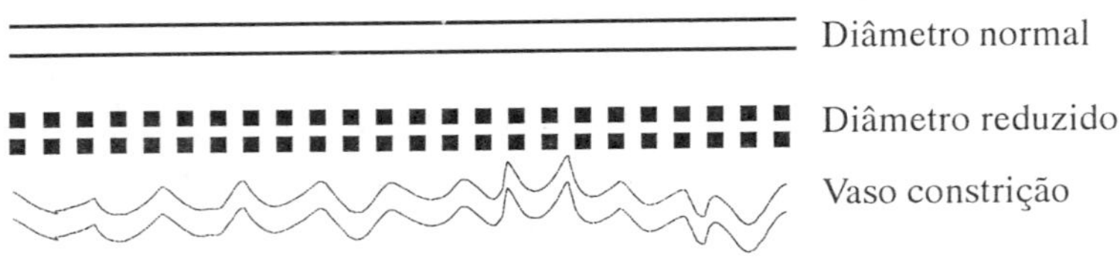

Artéria com diâmetro diminuido

Diâmetro de artéria diminuído em paciente hipertenso, obrigando o coração a trabalhar com maior pressão para vencer a resistência provocada pela diminuição do diâmetro arterial.

Diâmetro de artéria normal – paciente normotenso (fig. 11).

Artéria normal

Denomina-se de hipertensão secundária, aqueles casos em que é determinada a causa da subida da pressão (hipotireoidismo, nefropatias ou doenças renais, feocromocitoma abdominal que libera substâncias adrenérgicas etc.). Evidentemente que são menos freqüentemente diagnosticadas, porém é possível curá-las à medida que se controla o processo ou doença primária que desenvolve a hipertensão.

A hipertensão, é uma doença fácil de tratar quando se conta com a colaboração do paciente:

a) mudança de hábitos e costumes, diminuindo as comidas copiosas e de difícil digestão, assim como a redução no consumo de sal, que tem efeito de retenção de líquidos e poderia obrigar o coração a trabalhar mais para empurrar para frente esse líquido retido;

b) tomar regularmente os medicamentos receitados e informar ao médico os eventuais efeitos colaterais sentidos, para determinar a modificação do remédio. Paciente hipertenso não deve suspender a medicação sem antes consultar seu médico de cabeceira para evitar doenças secundárias e abruptas subidas de pressão;

c) praticar esportes regularmente e sob cuidados e orientação especializada para não sobrecarregar o coração com atividade física desnecessária ou exagerada, com a idéia de que quanto mais melhor.

É importante lembrar que a pressão arterial é medida com um aparelho denominado tensiômetro, relacionando o primeiro barulho com a pressão sistólica ou máxima e o desaparecimento do mesmo com a pressão diastólica ou mínima (fig. 12).

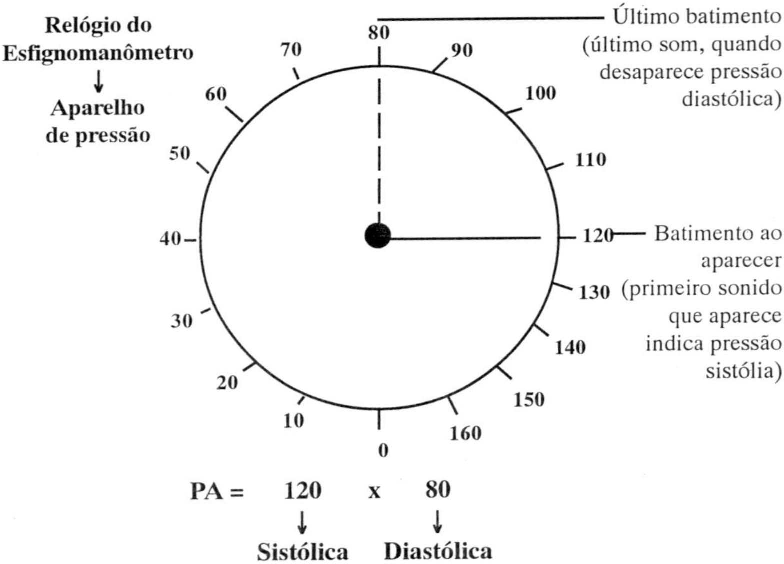

Fig. 12 – Medição da pressão arterial.

A HIPERTENSÃO SE CLASSIFICA EM:

- Hipertensão leve = até 16 x 9.
- Hipertensão moderada = sistólica até 20 e diastólica até 12.
- Hipertensão grave = sistólica de 20 - 24 mm Hg, diastólica acima de 12.
- Hipertensão maligna = pressão arterial acima de 24 X 12.

É importante para controlar a hipertensão:

a) controlar o peso

b) praticar esportes regularmente

c) tomar os medicamento receitados

d) com indicação médica tomar suplementos nutricionais que possuam efeitos benéficos no controle da pressão (ver no capítulo 3).

e) mudanças de hábitos e costumes

f) cuidados com a ingestão de sal

Com estes princípios básicos é possível manter sob controle a pressão arterial elevada, inclusive, em muitos casos, pode-se prescindir da medicação, sempre sob orientação médica.

Os nutrientes mais importantes no controle da hipertensão incluem:

* Magnésio

* Alicina

* Antioxidantes (vitaminas C, E)

* Cálcio

* Cromo

* Arginina

* Zinco e cobre

* ácidos graxos poliinsaturados (óleo de prímula, de borage, omega 3 etc.)

D) ALIMENTAÇÃO

É um dos aspectos mais importantes dentre os fatores de risco, já que quando temos uma alimentação balanceada, eliminamos um fator de risco exógeno. O que denominamos de alimentação balanceada:

a) formada por 50% de carboidratos, fonte primária de energia para o organismo, dos quais 15% são formados por carboidratos complexos, como as fibras, algumas insolúveis, que aumentam a massa fecal aumentando a liberação de calorias e outras solúveis que têm capacidade de reduzir o depósito de colesterol oxidado nas paredes das artérias. Os carboidratos complexos têm a característica de demorar para se desdobrarem e mantêm por períodos mais prolongados os níveis de açúcar plasmático. E 35% de carboidratos simples (açúcares) são a fonte primária de energia para o organismo. Para se ter uma idéia de sua importância, o cérebro, para manter sua atividade, precisa utilizar o açúcar circulante e por dia o cérebro faz uso de 140 gramas de carboidratos como fonte de energia, em uma atividade rotineira;

b) proteínas formam 15% da dieta normal e existem as proteínas de origem animal, que são denominadas de completas porque contêm todos os aminoácidos essenciais (necessários para a formação dos tecidos) e as de origem vegetal que são denominadas de incompletas (por falta de um ou vários aminoácidos), porém podem se completar quando vários produtos de origem vegetal são administrados simultaneamente;

c) gorduras fazem parte de 35% da denominada dieta ideal, classificadas em:

– gorduras monoinsaturadas, como o óleo de oliva e granola;

– gorduras insaturadas, como as contidas nas carnes;

– gorduras poliinsaturadas, de origem vegetal, como óleo de soja, milho, girassol etc.

As gorduras monoinsaturadas são as que melhor efeito têm dentro do organismo e representam o mecanismo protetor do sistema cardiovascular, ficando em segundo lugar as poliinsaturadas. Porém quando são utilizadas em grande quantidade podem favorecer a oxidação dos ácidos graxos, como acontece freqüentemente em pacientes que consomem margarina, já que esta última sofre um processo de hidrogenação. Convertendo um óleo vegetal líquido em sólido sofre o processo de oxidação que pode vir em detrimento do organismo, razão pela qual se recomenda quantidades pequenas deste tipo de ácidos graxos.

Evidentemente que os ácidos graxos saturados provenintes das carnes devem ser consumidos em pequenas quantidades, por seus efeitos lesivos no endotélio das artérias, porém estas quantidades são necessárias porque o colesterol forma parte de uma seqüência de hormônios formados tomando como base sua administração exógena e sua formação hepática.

Para compreender melhor a distribuição dos alimentos de forma prática, para se obter um equilíbrio dos nutrientes oferecidos através das refeições utilizamos a pirâmide já descrita pelo Departamento de Agricultura e Alimentos dos Estados Unidos que se divide em: (fig. 13 e 13a)

Pirâmide da Longevidade

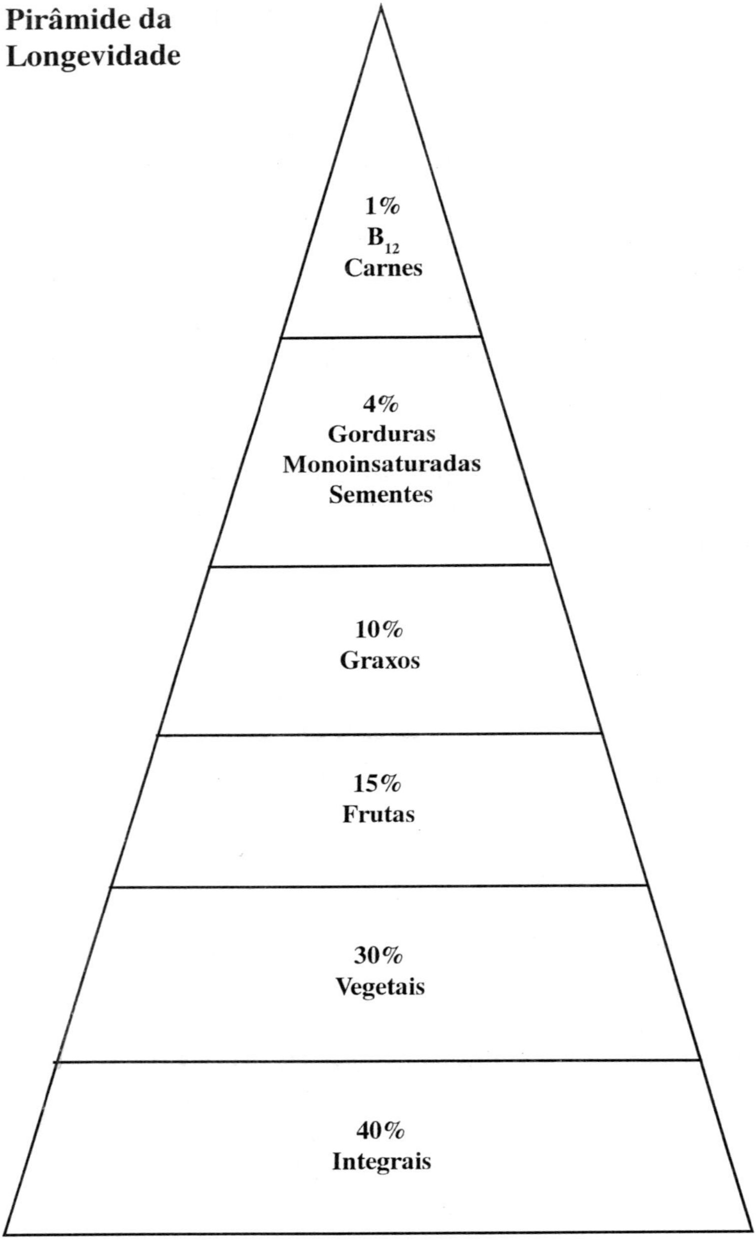

Pirâmide Americana Dieta habitual

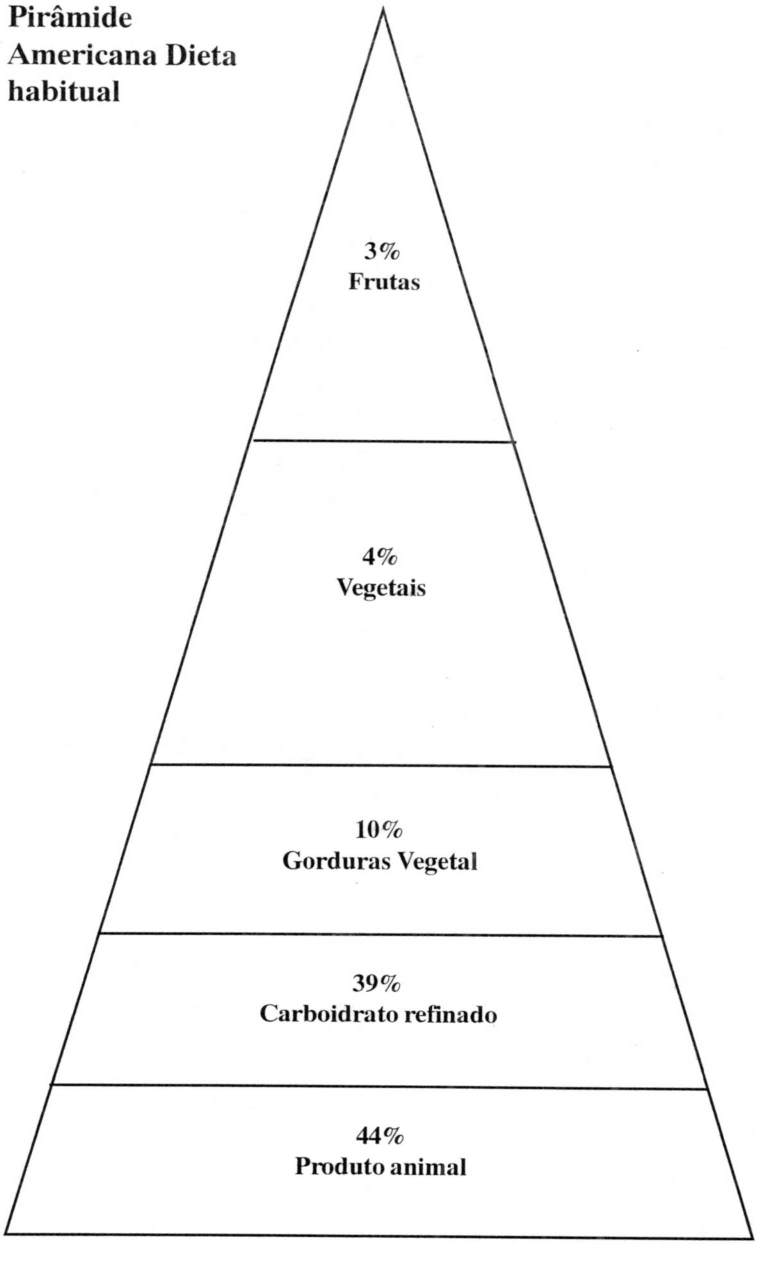

É importante deter-se por alguns instantes no conceito das gorduras, principalmente aos fatos relacionados com o colesterol e a evolução da aterosclerose (formação de placa de gordura nas paredes das artérias), que diferencia da arteriosclerose (endurecimento das paredes das artérias).

Como todos sabemos existem dois tipos de colesterol (em realidade são três, porém, os mais conhecidos são os dois citados), o HDL (lipoproteína de alta densidade) e denominado de colesterol bom, e o LDL ou lipoproteína de baixa densidade, ou denominado de colesterol ruim (o terceiro é denominado de VLDL ou lipoproteína de muito baixa densidade). Quanto maior o nível de HDL, maior a proteção que o organismo tem, já que o HDL colesterol impede que o mesmo se deposite nas paredes das artérias, pois o HDL é muito rico em fosfolipídeos, que são substâncias que colaboram na retirada do colesterol do interior das artérias.

O LDL, ou colesterol ruim, se carateriza por depositar colesterol nas paredes das artérias, principalmente na forma de LDL oxidado, aquele LDL que está ligado a radicais livres, que com a presença de um tipo determinado de glóbulo branco deposita o colesterol, favorecendo a formação de placa de gordura, principalmente naquelas artérias que têm sua estrutura lesada.

Entre os alimentos que contêm colesterol em maiores proporções podemos citar:

a) carnes gordurosas, vísceras, embutidos, frios e frutos do mar;

b) leite e iogurte, queijos amarelos e/ou cremosos;

c) gema de ovo;

d) massas de bolo com gema de ovo, sorvetes com leite, doces com chocolate, coco, creme, *chantilly*;

e) pães com recheio de manteiga, *croissants*, bolachas, massas, molhos com creme de leite ou maionese;

f) frituras, manteiga, óleo de coco e de dendê, maionese e gordura animal.

É importante manter os níveis de colesterol dentro dos valores mais próximos da normalidade que por consenso são:

nível desejável = menor que 200 mg/dl

limite superior = de 200 - 240 mg/dl

alto = acima de 240 mg/dl

Junto com os valores de colesterol é importante estudar os valores de HDL colesterol cujos valores, quanto mais altos, indicam um fator de proteção cardiovascular.

Os níveis de colesterol podem ser reduzidos através da dieta, até um certo ponto, porém, quando não se atinge os níveis desejáveis com a dieta é recomendável associar o uso de hipocolestero-lemiantes, que são variados e depende da experiência e preferência do médico responsável.

Os fatores de risco independentes de doença cardiovascular no estudo do perfil lipídico devem ser incluídos: as frações protéicas denominadas de apolipoproteínas, tendo se demonstrado que aumenta o risco cardíaco concomitantemente ao aumento da fração denominada de apolipoproteína B, que representa a fração oxidada das lipoproteínas de baixa densidade (LDL) oxidadas.

Outro fator de risco independente de doença cardiovascucar inclui a lipoproteína (Lpa), que com valores acima de 30 mgs indicaria potencial de risco aterogênico, hoje tratado sem definição com o uso de fibrados(drogas que agem no metabolismo dos lipídeos) e do ácido nicotínico.

Dentro do risco de doença cardiovascular é importante citar a homocisteína, que é um subproduto derivado do metabolismo de um aminoácido denominado de metionina, que em deficiência subclínica de vitamina B_6, B_{12} ou ácido fólico, forma homocisteína que é um fator químico de agressão endotelial (valores acima de 14 mg), favorecendo a formação da placa ateromatosa (placa de gordura na parede das artérias).

Em condições normais a homocisteína se converte em cisteína que forma parte do sistema antioxidante endógeno que controla a oxidação das gorduras.

O emprego de antioxidantes concomitante à dieta, ou ao uso de drogas para diminuir os níveis de colesterol circulante, provavelmente seja um dos caminhos para controlar o endurecimento das artérias ou o comprometimento do diâmetro arterial, porque agiriam inibindo a oxidação do colesterol prevenindo o processo aterosclerótico, e entre os antioxidantes possíveis de serem utilizados incluem-se várias vitaminas, minerais, nutrientes, que detalharemos no próximo capítulo.

E) OBESIDADE

Considerada como um grande fator de risco por vários motivos:

a) o obeso normalmente é sedentário;

b) o obeso possui muita gordura branca que não elimina calor;

c) a gordura é péssimo condutor de sangue;

d) provoca um aumento no trabalho do coração para garantir o fluxo de sangue para os tecidos;

e) o obeso pode apresentar ou incrementar os riscos provocados pelo metabolismo do colesterol;

f) o desequilíbrio na alimentação provoca fatores de desequilíbrio na administração de diferentes nutrientes para mais ou menos, podendo provocar déficits subnutricionais que podem desencadear doenças.

A obesidade na maior parte dos pacientes é conseqüência de hábitos alimentícios inadequados, seja por um aumento na ingestão ou por uma diminuição na eliminação dos mesmos.

Não existe regra miraculosa para emagrecer, é necessário reduzir a ingestão de calorias e aumentar a eliminação das mesmas através de atividade intensa. À medida que o balanço calórico seja negativo, o paciente perderá peso.

É importante lembrar que as células gordurosas só aumentam e diminuem de volume, sem mudanças substanciais no número das mesmas. O fato de ter emagrecido, não libera completamente o paciente, porque as células gordurosas estão à espera deste tipo de descuido para voltar a aumentar de volume e favorecer o aumento de peso.

Sem dúvida, o equilíbrio entre os nutrientes na alimentação é o fator determinante para a manutenção ou perda de peso, concomitantemente eliminando um fator de risco controlável, no caso, a obesidade.

Lembremos: nós somos o resultado daquilo que comemos.

Um conceito que tem ganhado espaço em medicina está relacionado com o estímulo da gordura marrom, que se diferencia da gordura branca, por ser termogênica (elimina calor) e muito rica em mitocôndrias que é uma organela celular que produz ATP (energia). A característica fundamental da gordura marrom, é que ela vai se desenvolvendo paulatinamente até atingir sua maior concentração em torno dos 30 anos de idade, momento em que sofre um processo de diminuição paulatina atingindo uma concentração de 25% daquela que o paciente tinha aos 30 anos, uma involução similar ao que vemos com hormônios marcadores biológicos tipo melatonina, hormônio de crescimento, DHEA etc. A melhor forma de estimular a manutenção da gordura marrom que se localiza preferencialmente em torno das paredes das artérias e nas grandes vísceras, é através de atividades físicas e do estímulo de suplementação vigiada de nutrientes que permitam um estímulo de formação de gordura marrom, entre os quais incluem óleo de prímula, óleo de borage, omega 3, antioxidantes e nutrientes com estímulo de gordura marrom como cromo, vanádio, fenilalanina, tirosina etc.

F) STRESS

É um dos fatores de risco mais freqüentes e importantes do mundo moderno. Define-se *stress*, como uma resposta de alarme do organismo perante situações adversas ou favoráveis.

Segundo Hans Seyle, o *stress* se divide em 4 fases:

a) fase de ataque: quando o organismo é agredido pelo fator estressante. Pode ser um fato triste como a perda de um ser querido, desenvolvimento de doença, perda de dinheiro etc., ou pode ser um fato positivo como o nascimento de uma criança, ganhar na loteria etc.;

b) fase de defesa: quando a primeira fase é de curta duração, denominada ação estressante aguda, muitas vezes o organismo não precisa criar uma barreira para manter o equilíbrio tecidual, porém quando se entra na fase crônica e existe uma exposição prolongada ao agente estressante, diferentes órgãos participam como um mecanismo de defesa, entre eles podemos citar: as glândulas supra-renais que vão liberar adrenalina e noradrenalina, que agem sobre os diferentes órgãos do corpo para se atingir um estado de equilíbrio. Porém outros transmissores de tecidos são liberados para ajudar o organismo a manter sua harmonia, independente do nível de agressão que possa sofrer;

c) fase de equilíbrio ou mútuo respeito: momento no qual o organismo encontra um ponto comum com o agente estressante, de modo que o último está presente de forma constante, porém o organismo aprendeu a conviver com a situação, mantendo um estado de equilíbrio, sem desencadear processos que possam atingir a integridade dos tecidos;

d) fase de ruptura: quando a capacidade de defesa do organismo entra em exaustão, porém permanece a figura do agente estressante; momento em que o corpo perde o equilíbrio e favorece o desencadeamento de doenças degenerativas crônicas de diferentes procedências dependendo da intensidade, da freqüência e do agente estressante.

O *stress* é um fator de convívio diário, presente na rotina e de caraterísticas variáveis, que pode atingir a vulnerabilidade do organismo, inclusive ao ponto de desenvolver doenças muito graves, o próprio câncer foi cogitado, assim como precipitar situações desastrosas como o derrame e o infarto de miocárdio.

Evidentemente que a melhor solução contra o *stress* é se libertar do fator que o provoca, o que muitas vezes se torna impossível, sendo necessária a participação do médico para tentar ajudar no equilíbrio do organismo, para isso podem ser utilizados entre outros:

a) tranqüilizantes, ou ansiolíticos;

b) antidepressivos;

c) hipnóticos;

d) vitaminas, sais minerais e vitaminas que serão discutidas extensivamente no capítulo seguinte;

e) fitoterápicos etc.

Na realidade todos os fatores de risco aqui enumerados são controláveis, dependem basicamente de dois fatores importantes:

a) a identificação e orientação do médico, em relação a fatores que estão produzindo *stress*, assim como definir a estratégia antioxidante mais adequada a cada caso;

b) o reconhecimento deste fato, para o paciente tomar todas as medidas necessárias para se desvencilhar dos problemas que estão acelerando o processo degenerativo tecidual.

Os fatores de risco estão constantemente presentes na rotina diária dos pacientes, sendo facilmente identificáveis através de um mero e simples questionário, para posteriormente favorecer mudanças de hábitos e costumes que permitem controlar estes fatores em prol do equilíbrio do corpo.

Fora dos fatores externos de risco, existe um fator que ainda está fora do alcance dos conceitos da terapia em Medicina, que são os fatores endógenos, genéticos.

Os fatores genéticos determinam a evolução de uma arteriosclerose, dos infartos, câncer e outras doenças, desde simples até graves, e nestes quadros ainda muito pouco podemos fazer para influenciar e modificar os fatores genéticos. Porém muito se tem estudado ultimamente com o objetivo de determinar, via bioengenharia genética, os mecanismos que nos permitam controlar os danos provocados pelos fatores hereditários presentes em cada um de nós. O futuro será decisivo para definir este aspecto, devemos aguardar com otimismo.

Através do equilíbrio autonômico que relaciona a atividade aceleradora do organismo (simpático) com a atividade bloqueadora (parasimpático) é possível determinar o potencial de *stress* e o nível de exaustão das glândulas supra-renais que funcionam como a fonte primeira de proteção dos tecidos quando existe um processo determinante de *stress*. Na atualidade o balanço autonômico é simples de ser mensurado pelos mecanismos relacionados à medição de freqüência cardíaca em duas posições, com representação gráfica computacional.

CAPÍTULO 4

MEDICINA ORTOMOLECULAR VITAMINAS. MINERAIS. AMINOÁCIDOS E NUTRIENTES

Como já citamos anteriormente, o conceito de Medicina Ortomolecular indica procurar manter em equilíbrio as moléculas do organismo, como uma forma de conservar a saúde e para isso, além de se utilizar os procedimentos habituais, completa-se ou suplementa-se com as vitaminas, sais minerais e nutrientes que analisaremos resumidamente um a um.

É importante saber os seguintes fatos:

a) As vitaminas são classificadas em dois grupos:

LIPOSSOLÚVEIS = não solúveis em água e se depositam no organismo, entre as quais podemos citar: vitamina E, vitamina D, vitamina A (beta caroteno).

HIDROSSOLÚVEIS = são solúveis em água e não se depositam no organismo: vitamina C, complexo B.

b) Minerais

Essenciais: cálcio, fósforo, magnésio, cobre, zinco, selênio, cromo etc.

Oligoelementos: medido em microgramos, vanádio, crômio, selênio etc.

Metais pesados (tóxicos): mercúrio, alumínio, cádmio, chumbo etc.

c) Nutrientes

Participam em diferentes processos metabólicos, ajudam no funcionamento do organismo e alguns têm atividade antioxidante: picnogenol, gingko biloba, melatonina etc.

d) Aminoácidos

Formadores de proteínas, tecidos. Participam ativamente no metabolismo: triptófano, arginina, lisina, cisteína, carnitina etc.

Para compreender melhor a importância e o nível de participação destes componentes, faremos uma análise resumida da participação como constituinte ou como suplemento incluído dentro de uma estratégia antioxidante, lembrando que estas indicações não representam uma receita, mas uma mera indicação, sugestão que para ser incorporada na rotina do leitor deverá ser confirmada pelo seu médico de cabeceira, que poderá decidir o melhor para seu paciente.

VITAMINA C (ácido ascórbico) – uma das vitaminas mais conhecidas e consumidas, que tem as seguintes propriedades:

a) ajuda a formação de colágeno, que é o tecido mais abundante e forma parte da maior parte das estruturas orgânicas;

b) aumenta a absorção de ferro quando administrada por via oral;

c) aumenta a capacidade de defesa dos glóbulos brancos, que dependem do ascorbato leucocitário para chegar na região onde existem agentes infecciosos para englobá-los e eliminá-los do organismo;

d) é um dos mais poderosos antioxidantes conhecidos, tanto usado por via oral ou injetável, e tem capacidade de inibir uma série de radicais livres inclusive os mais nocivos para o organismo;

e) recupera o óxido nítrico e a vitamina E oxidada.

Vários trabalhos realizados por Linus Pauling têm sugerido que o consumo contínuo de Vitamina C em doses de pelo menos 500-2.000 mg por dia diminui a freqüência e duração dos resfriados, além disso o autor fez uma série de estudos empregando vitamina C em altas doses para tratamento profilático de diferentes tipos de câncer, obtendo resultados importantes. Nem todas estas pesquisas conseguiram ser reproduzidas por outros pesquisadores.

É importante destacar que a vitamina C deve ser comumente administrada com a Vitamina E, porque esta, quando inibe os radicais livres que vêm do metabolismo das gorduras, se oxida, virando vitamina E oxidada e é recuperada pela vitamina C, que por sua vez se oxida, porém é um agente oxidante muito fraco e rapidamente é reduzido pela bioquímica dos tecidos.

As fontes mais importantes da Vitamina C se encontram nas frutas cítricas (laranja, mexerica, acerola, tomate etc.).

As doses de vitamina C são de 65 mg por dia segundo a RDA (doses recomendadas diárias), ou de 100-5.000 mg pelos conceitos de Medicina Ortomolecular, porém é importante compreender que estas doses serão definidas segundo as necessidades do paciente. Assim, por exemplo, o paciente com alto nível de *stress*, alterações metabólicas nos níveis de colesterol e/ou glicemia, fumante etc., precisará muito mais vitamina C, que aquele indivíduo que pratica esporte e tem uma vida alimentar regulada. Muitas vezes este último nem precisa da reposição da vitamina C que, nestes casos, pode ser facilmente obtida pela alimentação.

VITAMINAS DO GRUPO DO COMPLEXO B

Várias são as vitaminas que fazem parte deste complexo, a citar:

a) VITAMINA B_1, ou cloridrato de tiamina, cuja deficiência no organismo produz uma doença denominada Beribéri.

É muito importante para ser utilizada como cofator de uma série de reações metabólicas, que determinam a formação de energia necessária para o adequado funcionamento dos sistemas que formam parte do corpo humano.

As doses desta vitamina segundo os conceitos da Medicina ortomolecular variam de 5-100 mg por dia.

b) VITAMINA B_2, denominada de riboflavina, tem as mesmas atividades citadas da vitamina B_1, porém é um importante instrumento no arsenal terapêutico antioxidante, porque ajuda na formação de uma enzima endógena que vai inibir a formação dos radicais livres que vêm do metabolismo das gorduras, entre os quais se incluirá o colesterol.

Fontes alimentares: leite, fígado, sorvete, iogurte, carnes, peixe e outros produtos lácteos.

As doses ortomoleculares da vitamina B_2, variam de 1-50 mg por dia.

c) VITAMINA B_3, denominada de ácido nicotínico, assim como as outras vitaminas deste grupo participa ativamente como intermediário dos substratos que vão formar energia para o funcionamento do organismo.

Tem sido muito empregada na psiquiatria ortomolecular, no tratamento dos pacientes com esquizofrenia, em forma isolada ou associada à vitamina C e inclusive à drogas psicotrópicas.

O ácido nicotínico, como vitamina, é prescrito habitualmente no tratamento de níveis elevados de colesterol, com muito bom resultado. O único inconveniente é quando é utilizado em altas doses (1 ou 2 gramas por dia), podendo provocar rubor facial e ondas de calor, com sensação de desmaio, prurido, o que obriga a suspender a medicação. Em casos extremos, as doses elevadas são tóxicas para o fígado, porém de forma reversível, já que quando o ácido nicotínico é suspenso o funcionamento hepático retorna ao normal.

As fontes alimentares mais importantes incluem nozes, carnes, aves, ovos, grãos etc.

As doses ortomoleculares variam de 50-2.000 mg por dia, porém por estarem associadas a efeitos colaterais desagradáveis têm que ser administradas em doses crescentes e sob os cuidados dos profissionais da área da saúde.

VITAMINA B_6, denominada de cloridrato de piridoxina, é utilizada para várias finalidades a definir:

a) controle da arterioesclerose, porque impede a formação de uma substância denominada homocisteína que tem efeito aterogênico. Este efeito inibidor é potencializado quando a vitamina B_6 é administrada concomitante ao ácido fólico (também um tipo de vitamina B, que é empregado para impedir a lesão do tubo neural, malformação congênita em crianças e do sistema neurológico periférico). Segundo alguns pesquisadores poderia associar-se a esta combinação a vitamina B_{12} ou cianocobalamina;

b) utilizada no tratamento da síndrome de tensão pré-menstrual (caracterizada por irritabilidade, dor de cabeça, retenção de líquidos, mamas inchadas etc.), com mecanismo de ação ainda não elucidado completamente;

c) indicada como tratamento da síndrome do túnel do carpo (definida como a perda da sensibilidade nas mãos, principalmente no dedo médio e indicador, por comprometimento do nervo mediano, que passa pela palma da mão).

A forma ativa de vitamina B_6, denominada piridoxal fosfato, existe no mercado farmacológico em forma manipulada.

Normalmente a Vitamina B_6 é muito bem tolerada, em doses inclusive de mais de 600 mg por dia, por períodos prolongados, porém existem relatos na literatura de pacientes utilizando estas doses muito altas apresentando neurite (inflamação dos nervos) que se reverte rapidamente quando se suspende a administração.

As doses RDA são de 2 mg por dia.

As doses ortomoleculares podem atingir até 300 mg por dia, porém doses altas podem provocar neurite reversível quando suspensa a medicação.

VITAMINA B_{12}, denominada de hidroxi ou cianocobalamina, extremamente importante para a maturação dos glóbulos vermelhos e encontrada fartamente distribuída principalmente nas carnes vermelhas.

Entre as vitaminas lipossolúveis podemos indicar:

VITAMINA E, denominada alfa tocoferol, também uma das vitaminas mais empregadas, principalmente por inibir a formação dos radicais livres que vêm do metabolismo das gorduras (peróxidos lipídicos). E este efeito é potencializado quando administrado simultaneamente a um mineral denominado selênio.

Recentes trabalhos têm demonstrado que a dose do RDA de vitamina E é de 30, porém a administração de vitamina E em doses (3 a 4 vezes) acima das doses RDA tem efeito benéfico evitando o processo evolutivo de doenças cardiovasculares.

Por ser uma vitamina lipossolúvel pode se acumular dentro do organismo, razão pela qual é recomendado após um período de uso, suspendê-la, para utilizar os eventuais depósitos de vitamina E criados, para depois retomar seu uso.

As fontes mais importantes de Vitamina E são nozes, ovos, grãos integrais, legumes etc.

É importante ter precaução na administração de altas doses de vitamina E, acima de 800 U.I. por dia, em pacientes que têm pressão alta, ou alterações na coagulação. Tem efeito protetor cerebral e age como coadjuvante no câncer.

VITAMINA A, muito pouco utilizada na terapia ortomolecular, é de origem animal, porém muito mais utilizado o beta caroteno, que é de origem vegetal. Este último é praticamente isento de efeitos colaterais, inclusive quando tomado a longo prazo, mas em indivíduos suscetíveis pode deixar uma coloração alaranjada na pele que desaparece quando deixa de ser administrado.

O beta caroteno é um importante antioxidante, que utilizado em condições adversas também pode virar um pró-oxidante. Por isso em pacientes portadores de fatores de risco importantes como o fumo, não deve ser administrado isoladamente, mas associado a outros antioxidantes como a vitamina C e a vitamina E.

As fontes mais importantes de beta caroteno são as folhas verdes.

Existem mais de 40 formas de carotenóides, o beta caroteno é o mais conhecido, porém ainda não se definiu qual deles possui o melhor efeito antioxidante. Outros incluem o ácido alfa lipóico, licopene etc. Por isso se recomenda alimentação rica em antioxidantes, suplementando ou complementando, dependendo da extensão dos fatores de risco ou de doenças presentes concomitantemente.

VITAMINA D, denominada de calciferol, é uma vitamina de vital importância que se forma no organismo com a participação dos raios solares e uma vez formada reabsorve o cálcio que seria eliminado pela urina, para que este seja constantemente reaproveitado pelo organismo, tanto pelos ossos e dentes (utilizado como profilaxia da osteoporose, administrado junto com cálcio, outras vezes com boro etc.), como também por outras estruturas, como os músculos e as artérias, porque a presença do cálcio vai determinar a contração dos mesmos agindo como intermediário.

Em crianças, a deficiência de vitamina D, desenvolve uma doença denominada raquitismo.

As fontes mais importantes são os raios de luz e os óleos de fígado. Suas doses giram em torno de 100 U.I. por dia, para adulto, lembrando que também é vitamina lipossolúvel e pode depositar-se no organismo. Nesses casos eventualmente podem ocorrer alguns efeitos colaterais.

MINERAIS

Zinco e Cobre

Formam parte do núcleo da primeira enzima endógena antioxidante que o organismo possui quando se formam os RL provenientes do metabolismo do oxigênio. É uma enzima denominada superóxido dismutase (SOD) e que se encontra no citoplasma (parte da célula onde se encontram distribuídas todas as organelas rodeadas por uma membrana celular).

A deficiência de zinco pode provocar algumas alterações como:

– deficiências imunológicas (que também podem acontecer com hipersuplementação de zinco);

– alterações nos órgãos dos sentidos (gustativo e olfação);

– alterações de unhas e cabelos;

– alterações prostáticas.

O cobre quando em concentrações elevadas pode até desenvolver uma doença denominada Doença de Wilson, que apresenta entre outras características artrite, porém o mais interessante é que já foram detectados pacientes portadores de artrite reumatóide com níveis baixos ou subótimos de cobre no plasma.

Quando o zinco e o cobre vão ser suplementados é importante manter uma relação de pelo menos 10 vezes zinco por cada parte de cobre a ser administrada ao paciente.

Cálcio, fósforo, magnésio

Participam ativamente no metabolismo dos ossos e existe uma relação íntima de concentrações dos mesmos e mudanças para mais ou para menos vão refletir em um ou outro dos elementos aqui citados.

O cálcio entre outras propriedades ajuda a:

a) manter o metabolismo ósseo e dos dentes;

b) ativar a contração muscular.

É regulado pelo hormônio paratiroideano.

As doses de cálcio podem atingir mais de 2.000 mg em mulheres na menopausa com caraterísticas de osteoporose (descalcificação óssea).

O fósforo tem participação importante no metabolismo ósseo e dentário, conjuntamente ao cálcio.

O magnésio tem as seguintes propriedades:

a) produz o relaxamento das artérias e dos músculos principalmente involuntários porque se intercambia com o cálcio;

b) em algumas circunstâncias tem efeito controlador de arritmias (batimentos cardíacos anormais);

c) muito utilizado em certas hipertensões, como na eclampsia (mulheres grávidas com aumento de pressão e convulsões) por via endovenosa.

Selênio

Importante cofator antioxidante, por aumentar a capacidade antioxidante da vitamina E e por formar parte de uma enzima denominada de glutation peroxidase, que assim como a vitamina E inibe os RL provenientes do metabolismo das gorduras denominados peróxidos lipídicos, que como já foi visto, podem ter efeito aterogênico.

Na China foi descrita uma doença do músculo cardíaco secundária a déficit crônico de selênio na alimentação.

Existem duas formas de selênio comercial: o inorgânico bem menos tolerado pelo organismo e o orgânico (selênio – metionina ou selênio – cisteína) que é facilmente tolerado e praticamente isento de efeitos colaterais.

As doses variam segundo as necessidades entre 10-100 microgramos diários.

Cromo

É um mineral essencial, que participa principalmente no metabolismo de insulina (elemento que quando falta desencadeia diabetes) porque estimula receptores periféricos para agir sobre o pâncreas, para este liberar insulina, que irá favorecer a entrada dos alimentos digeridos no interior dos tecidos para serem utilizados como fonte de energia.

Por esta caraterística é utilizado como complemento ou suplemento em pacientes diabéticos, principalmente aqueles que não são completamente dependentes da administração de insulina.

Entre suas propriedades estudadas e ainda não totalmente definidas na literatura citamos:

a) efeito controlador do diabetes;

b) efeito antiaterogênico, porque estimularia o aumento do colesterol denominado de bom (HDL);

c) ajudaria o paciente a emagrecer porque favorece o aproveitamento dos alimentos desdobrados e porque estimularia a formação de gordura marrom (um tipo de gordura cujas células são muito ricas em mitocôndrias, local onde se forma energia) ajudando a dispersar o calor, permitindo a diminuição do número de calorias que ficariam armazenadas no organismo.

A gordura marrom é muito pequena e se encontra distribuída em torno das artérias e das grandes vísceras. Considera-se muito importante aumentar sua presença pelo efeito protetor dentro do organismo.

Outros minerais que poderiam ser citados rapidamente:

Manganês

Forma parte da enzima superéxido-dismutase que se encontra nas mitocôndrias (fonte de energia das células), seu excesso produz uma síndrome parecida com a de Parkinson.

Boro

Mineral que parece estimular ou agir como intermediário na formação de hormônios femininos e pode ser utilizado principalmente como reposição em mulheres na menopausa, sobretudo aquelas com contra-indicações ao uso de hormônios (antecedentes de câncer, displasia etc.). Deve se associar ao cálcio e à vitamina D.

Lítio

Deficiente nos pacientes portadores de quadros depressivos, que respondem adequadamente à sua administração, um dos casos onde as doses ortomoleculares são muito mais baixas que as doses convencionais.

AMINOÁCIDOS

É importante fazer uma pequena revisão de alguns *aminoácidos*:

Cisteína

Forma parte da enzima glutation peroxidase, que inibe a formação dos RL do metabolismo das gorduras (peróxidos lipídicos). Sua deficiente formação determina um aumento de homocisteína, fator independente de doença cardiovascular, formado por déficit subclínico de vitamina B_{12}, B_6 e ácido fólico.

Triptofano

Forma a serotonina, denominada de neurotransmissor da felicidade. Sua diminuição produz depressão e alterações do sono, deve ser administrado junto com vitaminas do grupo do complexo B.

Arginina e Lisina

Aminoácidos que formam parte da estrutura do hormônio de crescimento, é importante que os dois sejam administrados em períodos diferentes do dia, caso contrário se bloqueiam.

• Lisina é muito empregado no tratamento profilático de pacientes pordadores de herpes tipo I, II e zoster.

• Arginina deve ser evitado em pacientes portadores de doenças virais, como as citadas no uso profilático da lisina, porém forma oxidonítrico que relaxa as paredes do sistema circulatório.

L fenilalanina

Que tem sido muito utilizada como complemento alimentar no tratamento da obesidade, muitas vezes associada à tirosina e cromo.

Alguns NUTRIENTES e outros produtos também merecem destaque:

BIOFLAVONÓIDES

Citamos: hesperidina, rutina, quercetina, gingko biloba, picnogenol, que são potentes antioxidantes, além de favorecer a reconstituição da vitamina E e da vitamina C oxidadas no seu trabalho de inibir os efeitos deletérios do aumento de produção dos radicais livres.

Melatonina

Chamada erroneamente de hormônio do sono, na realidade suas atividades mais conhecidas se resumem em:

– regula o ritmo circadiano, permitindo melhor desenvolvimento das atividades rotineiras (fisiologicamente determina uma liberação hormonal proporcional às horas do dia, com diminuição progressiva até o entardecer);

– discreto efeito antioxidante;

– regula o sono;

– efeito antiestrogênico (sugerido como pílula anticoncepcional, porém em altas doses).

É produto muito interessante que foi desvirtuado pela fácil comercialização, mas a sua importância é indiscutível e deverá recuperar prontamente a posição que lhe corresponde, já que está se discutindo cientificamente seu papel no controle do equilíbrio do organismo (ver gráfico).

L – TRIPTOFANO

↓ B_3, B_6

SEROTONINA

↓

MELATONINA

DHEA

É um pró-hormônio, denominado a mãe de todos os hormônios esteróides (participa na formação dos hormônios femininos e masculinos, tem atividade indireta no metabolismo do cortisol), substância que como a melatonina e o hormônio de crescimento chega a seu nível máximo entre os 25 e 30 anos de idade, momento em que começa a decrescer progressivamente atingindo apenas 20-25% de sua concentração em indivíduos com mais de 70 anos, quando se acredita que estes três produtos funcionem como uma espécie de relógio biológico que indica o processo irreversível de envelhecimento.

O DHEA não está isento de efeitos colaterais quando administrado em forma aleatória (desde efeitos masculinizantes, feminizantes, até a aceleração de fenômenos tumorais preexistentes), razão pela qual só deve ser administrado pelos profissionais de saúde acostumados a seu uso e controle adequados.

É um princípio químico interessante podendo facilitar a vida dos pacientes portadores de doenças autoimunes (auto-agressão, ex.: artrite reumatóide, lúpus, bronquite asmatiforme etc.), quando se faz uso constante de corticóides. Porém os trabalhos têm mostrado que associando DHEA em baixas doses pode se diminuir concomitantemente o uso de cortisona a níveis toleráveis pelo paciente, com controle adequado da doença. Com este fim vários trabalhos encontramse em andamento e além de ser viável sua colocação em prática, os resultados parecem ser promissores.

CAPÍTULO 5

METAIS TÓXICOS

Assim como existem minerais que são essenciais para manter o funcionamento adequado dos tecidos, podemos encontrar alguns metais que podem provocar alterações e até doenças quando expostos agudamente ou por períodos prolongados e constantes e evidentemente que nestes casos é necessário:

a) evitar a exposição;

b) favorecer a retirada destes metais do organismo.

Entre os metais, os mais conceituados pela sua toxicidade incluem:

CHUMBO

Cuja origem é principalmente industrial, podendo encontrar-se em pinturas, detergentes e na poluição. Nos Estados Unidos é considerado um processo endêmico, existindo faixas distribuídas pelo país recomendando às mães fazer controle dos níveis de chumbo na urina, sangue, cabelo, principalmente em crianças que consomem pintura corroída das paredes, ou moram em zonas altamente poluídas.

O chumbo se deposita principalmente no sistema nervoso central, podendo provocar alterações no desenvolvimento e comprometer outros sistemas ao mesmo tempo.

MERCÚRIO

A fonte principal encontra-se nas mineradoras de ouro, que utilizam o mercúrio para separar o metal precioso e os trabalhadores acabam aspirando o vapor; em menor escala através de alimentos contaminados (principalmente peixes de rios onde se procura ouro) e também em indivíduos suscetíveis ao mercúrio contido no amálgama dos dentes, entre outras fontes que podem provocar níveis tóxicos de mercúrio.

A intoxicação por mercúrio pode se manifestar desde quadros simples como dores de cabeça, astenia, adinamia, depressão, até comprometimentos neurológicos e renais.

ALUMÍNIO

Tem sido muito questionada sua participação na demência senil, principalmente naquela conhecida como doença de Alzheimer. Vários pesquisadores têm encontrado níveis elevados de alumínio no cérebro destes pacientes, mas outros não conseguiram encontrar estes níveis.

As fontes mais prováveis são os perfumes via *spray* que são aspirados e viajam pelas fossas nasais até o cérebro. As menos prováveis, porém não impossíveis incluem:

a) panelas de alumínio;

b) antiácidos que utilizam hidróxido de alumínio.

Em todas as circunstâncias é importante considerar a susceptibilidade do paciente, já que os trabalhos têm demonstrado que indivíduos expostos pelo mesmo período de tempo e na mesma proporção à metal pesado, uns intoxicam e outros não apresentam problema nenhum, este fator causal está em estudo.

CÁDMIO

A fonte mais importante é o fumo, pois cada cigarro contém 23 microgramos de cádmio, que em indivíduos susceptíveis, se depositam principalmente nos pulmões e nos rins, tanto que a literatura descreve a evolução enfisematosa pulmonar e quadros hipertensivos, em pacientes fumantes com níveis altos de cádmio presentes.

Além destes metais pesados é importante destacar, entre outros, como curiosidade, o Ferro, elemento muito conhecido, principalmente porque sua deficiência provoca anemia (glóbulos vermelhos pequenos e pálidos). Porém quando em excesso e livre no sangue, vários trabalhos têm sugerido que provoca o aumento de incidência de doenças cardiovasculares, já que o Ferro age como intermediário na formação do RL mais perigoso, denominado radical hidroxilo, e o organismo não possui um sistema antioxidante próprio para inibi-lo, depende de antioxidantes exógenos. É importante lembrar que se trata de ferro livre, já que o ferro ligado (como na hemoglobina, mioglobina, ferritina etc.) não representa perigo para o organismo.

Acredita-se que esta também seja a razão pela qual as mulheres vivem mais que os homens, já que têm a menarca (primeira menstruação, em torno dos 12-13 anos) e entram na menopausa entre os 45-50 anos em média e durante estes 30-40 anos a mulher permanece menstruando, perdendo sangue mensalmente (e com ele perde Ferro). Tanto que se olharmos um exame de sangue na mulher poderemos ver que a concentração de Ferro medido pela hemoglobina é menor em 10% que nos homens e dessa maneira a mulher estaria protegida contra os efeitos pró-oxidantes do Ferro livre no organismo.

É evidente que existe relação causal de Ferro e hormônios e o equilíbrio entre eles favorece a prevenção de doenças no processo de envelhecimento.

CONCLUSÕES

Na realidade a Medicina Ortomolecular não é mais que uma Medicina tradicional com um enfoque holístico, já que o médico que incorpora os conceitos ortomoleculares tem que ter bagagem e histórico de formação clínica, porque lidará com o paciente como um todo e não em parcelas, como está descrito na seqüência a seguir:

1) paciente fala ao **cardiologista** que tem dor no peito, sentado na bicicleta fazendo um teste ergométrico. Médico responde que o coração está normal, para ele consultar um gastro.

2) paciente deitado com um tubo de endoscopia na boca, médico fala, perfeito, zero quilômetro, para consultar um **reumatologista**.

3) paciente deitado, médico apertando as costelas e falando, aqui tudo está normal, sem dores, por que não consulta um **neurologista**?

4) paciente sentado, neurologista com martelo fazendo reflexos no joelho afirmando, tudo normal, precisa de um **psiquiatra**.

5 e última) paciente deitado no divã contando uma história de sua infância; dor por distonia neurovegetativa.

A Medicina Ortomolecular avalia o paciente como um todo: inicia-se com uma triagem clínica, definir a conduta necessária, inclusive a interconsulta na especialidade requerida se for o caso.

O paciente é um intrincado sistema correlacionado, em que uma parte depende de outra para manter um funcionamento adequado. Por isso a necessidade de avaliar o conjunto, mesmo que só seja necessário arrumar uma pequena parte, já que esta pequena parte muitas vezes pode ser o indicativo de um problema em franca evolução.

É importante destacar que o conceito da Medicina Ortomolecular não é o substituto dos conceitos clássicos, ao contrário, as estratégias antioxidantes vêm a se complementar com os critérios habituais, com o objetivo singelo de melhorar a qualidade de vida do paciente, agindo somente no sintoma, mas também tentando corrigir as falhas estruturais que acontecem nos tecidos como conseqüência do erro primário que determina o sintoma, ou a doença em definitivo.

Não existe meio na atualidade de deter o processo de envelhecimento, porém contamos com uma série de medidas para manter a qualidade de vida, independente do número de anos que nosso relógio biológico nos permita viver. E esse é o objetivo básico do conceito médico independente da filosofia de tratamento a ser implantada no paciente.

Tratar sem agredir, medicar sem alterar o equilíbrio, é o princípio básico de uma Medicina científica, e assim compreendida determina que o futuro da existência dos seres vivos na superfície terrestre está garantido em termos de qualidade, baseado no conceito da harmonia estrutural e da compensação bioquímica necessária para manter o funcionamento adequado dos sistemas que formam parte de nosso corpo humano.

É necessário entender que os conceitos convencionais estabelecidos em medicina são de fundamental importância por terem criado o caminho necessário para o entendimento da anatomia e fisiologia do organismo. Porém desde o ponto de vista terapêutico, a farmacologia convencional e de grandes resultados nos casos agudos, contudo extremamente limitada nos casos degenerativos crônicos, onde justamente a medicina ortomolecular tem sido enfatizada, com o objetivo de reincorporar os indivíduos dentro da sociedade, e principalmente com o argumento forte de utilizar suplementos associados aos tratamentos convencionais com o objetivo de potencializar o efeito dos medicamentos e diminuir os possíveis efeitos colaterais.

Sem dúvida nenhuma, o médico que utiliza os princípios da medicina ortomolecular dentro de sua prática diária, tem que ter uma formação clínica completa para poder entender o termo holístico do corpo humano. Ao mesmo tempo precisa ter um integral conhecimento dos conceitos da farmacologia para poder avaliar os procedimentos antioxidantes paralelamente aos procedimentos terapêuticos habituais.

Um dos aspetos mais importantes e de destaque dentro do uso dos conceitos da medicina ortomolecular, assim como da definição dos radicais livres e de seus respectivos antioxidantes, está delineado no potencial amplo de cobertura na profilaxia do indivíduo sadio e no controle e tratamento das doenças degenerativas crônicas.

No indivíduo sadio, o objetivo é definir os horizontes que deixem como ensino ao paciente potencial, os mecanismos inibitórios dos fatores de risco que possam associar-se a fenômenos patológicos em idades posteriores de vida. Para este fim provavelmente não existe uma idade definida, em nosso conceito o ideal é cuidar do homem a partir dos 30 anos de idade e da mulher, que normalmente tem um importante fator de proteção que é definido pelos ciclos menstruais, a partir dos 40 anos. O homem é avaliado mais prematuramente, por ter epidemiologicamente mais possibilidades de desenvolver doenças cardiovasculares (é só olhar ao nosso redor e poderemos observar como praticamente somente homens até 50 anos são formadores dos clubes de safenados e dos pacientes que sofreram um acidente vásculo-cerebral). Porém hoje, com a introdução da mulher no mercado de trabalho, está sendo cada vez mais freqüente mulheres com presença de doenças cardio-cérebro-vasculares, principalmente por *stress*, fumo, obesidade e sedentarismo que acompanham a competitividade do mercado de trabalho.

Nos casos de doença tem como objetivo encontrar os fatores que determinam alterações no funcionamento do organismo, deslocando o equilíbrio do meio interno, e dessa maneira tentar encontrar um ponto de fusão entre os conceitos convencionais com os ortomoleculares e poder determinar o curso terapêutico mais adequado.

A experiência tem demonstrado nos últimos 20 anos que esta fusão funciona perfeitamente em pacientes portadores de doenças degenerativas crônicas, melhorando não somente a qualidade de vida, como fazendo o indivíduo compartilhar sua experiência vivida com o resto dos membros da sociedade, inibindo as limitações impostas pelas doenças, permitindo retomar uma vida próxima do normal.

Há quem ainda acredite que o uso das vitaminas, minerais e outros nutrientes não requer um treinamento especial, e que podem ser utilizadas arbitrariamente, via autoconsumo. As evidências científicas nos demostram que as possibilidades de intoxicação aguda por esse tipo de suplementos é improvável, porém não impossível, mas as possibilidades de efeitos colaterais pelos uso desnecessário, associado a períodos prolongados de tempo, podem acontecer. Além disso, muitas vezes baseado no fanatismo do vendedor, o paciente termina consumindo quantidades desnecessariamente altas de suplementos, que não chegam a ser absorvidos pelo organismo e serão eliminados, ou serão depositados no organismo para serem utilizados quando necessário, se não tiverem um efeito tóxico por depósito. Como é o caso da vitamina A que é uma vitamina lipossolúvel, que se deposita a nível hepático e tem características tóxicas quando consumida em extremos.

Algumas vitaminas como a C, que é uma vitamina hidrossolúvel, foram e são muito propaladas pela imprensa científica e leiga, como possíveis de serem consumidas em altas doses, sem provavelmente presença de efeitos colaterias. Este fenômeno poderá acontecer em doses que variam até 500 mg, ou no máximo 1.000 mg por dia, ou em caso de profilaxia de doença gripal até 2.000 mg por dia, porém o que muitos pacientes não sabem é que a vitamina C não pode ser suspensa repentinamente, já que pode provocar uma doença por deficiência de vitamina C, denominada escorbuto, em alguns pacientes.

Outros desconhecem que o uso isolado da vitamina E, que é lipossolúvel, se modifica quando age como antioxidante e um produto oxidado, que é tão reativo quanto o radical livre que acabo de inibir, e que seu uso deve vir associado com a Vitamina C que tem propriedades de recuperar a Vitamina E oxidada.

Outro exemplo clássico está relacionado com certos minerais. Assim é possível provocar uma deficiência de cobre quando é utilizado zinco isolado por períodos prolongados de tempo. O mesmo fenômeno acontece com o magnésio quando o cálcio é administrado em altas doses, por períodos prolongados, e assim como estes exemplos, muitos outros podem ser citados.

Evidentemente que por sua composição bioquímica fundamental, a medicina ortomolecular é uma terapêutica extremamente complexa, e que precisa de um amplo conhecimento convencional para determinar seu potencial no controle do envelhecimento patológico e no tratamento de doenças degenerativas crônicas.

Sem dúvida recomendar evitar o auto-consumo não é somente um dever do médico, mas é uma obrigação da sociedade, já que o intuito do suplemento é ser utilizado quando necessário, tomando as precauções de doses, combinações e freqüência necessárias às necessidades do paciente.